AF399448

DIKTER AV

JOHAN BECKMAN

Förlag: BoD • Books on Demand, Stockholm, Sverige
Tryck: Libri Plureos GmbH, Hamburg, Tyskland

ISBN: 978-91-8057-799-1

Innehållsförteckning

1. Prolog...9

2. Lycka, sorg och allt däremellan 11

3. Barndom.. 118

4. Platser 144

5. Årstider 167

6. Epilog.. 182

1. Prolog

Precis som du, bär jag ständigt på tankar. Tankar som får hjärtat att flimra till, själen att vilja lämna mitt inre och blodet att forsa genom kroppen. Tankar som passerar förbi genom livets gång.

Därför har jag valt att skriva ner det jag tänker i text, i det som aldrig kommer att suddas ut, utan alltid leva vidare, även långt efter att jag har lämnat denna plats.

Jag tror att du och jag är närmare varandra i tanke och känsla än du kanske tror. Jag tror att du kan bära på samma tyngd i din själ som jag gör. Jag tror att du kan fundera över samma saker och ha liknande perspektiv på det här livet som jag har. Vi är aldrig så nära varandra du och jag, som när vi delar våra känslor och tankar.

Jag skriver för att sätta ord på mina tankar, för att spegla mig själv och mitt inre i text.

Jag har en inre monolog och en rastlöshet som aldrig helt tystas och dikter är enligt mig en konstform där den inre rösten och rastlösheten kan komma till uttryck och som får mig att stanna upp, reflektera och bearbeta mig själv.

Jag vill att mina barn ska få en inblick i sin pappa
när de växer upp och förstå att en förälder är som
dem och vad vi bär för likheter och olikheter. Jag
bär på tankar och har vandrat genom problemen,
kärleken, såren, sorgen och lyckan, vilket de också
kommer göra.

Tack för att du läser detta, det uppskattar jag
innerligt och ärligt.

2. Lycka, sorg och allt däremellan

I detta kapitel har jag valt att samla de flesta av mina tankar då det mesta inom mig rör sig här.

Ett kapitel som tar mig igenom mitt intellekt under dagar som passerar förbi utan anmärkning, kvällar fyllda av livets goda, nätter utan sömn när huvudet snurrar och morgnar när tankarna flyger som flyttfåglar inuti huvudet.

Under stunder som dessa har jag valt att skriva av mig för att förstå mig själv, föra en inre monolog och komma till insikt om varför jag känner det jag känner, agerar och reagerar som jag gör och gräva i mitt eget själsliga liv. Det vi inte alltid visar och berättar utan bär med oss genom livets gång.

Dessa texter utgörs av inre tankar från flera år tillbaka fram tills idag. Jag känner en växande försoning med att bli äldre, grundad och trygg i mig själv.

Det är försonade att bli äldre.
Det är frigörande att bli äldre.
Det är förlåtande att bli äldre.
Vad innebär det att vara vuxen?
Att bära med sig ett helt liv i denna kropp och själ?

Vem är jag

Jag är den ödsliga fyren vid havets avstamp.

Jag är maskrosen ur asfalten.

Jag är den sista stöten innan vilan.

Jag är den trygga eken vid ängens slut.

Jag är sommarnattens dimma.

Jag är höstens nedkylda regn.

Jag är den lilla pojken som drömde stort.

Jag är den åldrande mannen utan ålder.

Jag är den ångerfyllda mannen utan ånger.

Jag är den lyckliga och den sorgsna.

Jag är den tacksamma och den sorglösa.

Vem är du

Vem är du inombords?

En sammanfattning

av allt du upplevt utanför ditt inre.

Du visar omvärlden ditt yttre

genom att klä dina tankar

med ord och handling från ditt inre.

Sorgen rör sig

Sorgen rör sig med mig och ändrar skepnad med
tiden.

Det som en gång var, är inte längre,

och det som är, kommer inte vara längre.

Sorgen rör sig som vinden gör genom livet,

påtaglig och piskande,

varm och omhändertagande.

Spegeln till människans inre

Spegeln till människan inre

öppnas utan medvetenhet.

När vilsenheten lever i ögonen,

utan att människan vet om det.

När ens inre barn smyger sig ut

genom gester och ord.

När ögonblick fångas

bakom tid och rum.

Lika snabbt sluter den inre spegeln

när medvetenheten gör sig påmind

i bilden framför betraktaren.

Välj varsamt

Livet galopperar hand i hand med drömmarna

Du hinner aldrig ifatt alla

utan väljer vilka du tar rygg på

De andra ser du passera förbi dig och sakta
försvinna

tills fotstegen endast är kvar och tanken om vad
som en gång var en dröm

är ett minne bortom horisonten

Allting kommer i kapp dig

synderna rinner genom ådrorna tills blodet slutar
rinna

Vaken om natten

Jag vaknar upp i mörkret

med mörkret inuti mig.

Skalor och färger har suddats ut.

Mörkret skrämmer mig inte,

det inre har redan tagit den platsen.

Jag sluter ögonen igen

för att möta mörkret under dem.

Inre krig

I varje människas inre

pågår ett världskrig.

Ett krig som aldrig sluter fred

utom under kortare stunder om nätterna,

när parallella krig tar över.

Jag tänker på det

när jag tänker på mitt inre krig.

Inre fred

Jag vaknade imorse

med en känsla som aldrig tidigare trängt sig in i
min kropp.

Jag var som en seglande fågel vid havskanten,

och ren som nytvättade kläder som bär med sig
doften i vinden.

Jag var ihålig,

på väg att lyfta från den gamla sängen jag befann
mig i.

Mitt inre letade inte efter något.

Det hela varade i fem sekunder,

innan mitt inre började finna grenar att greppa tag
i inom mig.

Jag slogs av en känsla och insikt,

detta får vi alla uppleva precis innan vi somnar in
för gott.

Vi finner alla vår inre fred.

Under månens ljus

Månens lyster

glänser i den blåsvarta natten.

Världen runtom oss sover tyst.

Ändlösa själar brottas

lustar och hunger andas.

Blodet rinner kvickt genom venerna.

Levande rör vi oss

under månens sken.

I min ensamhet

I min ensamhet blir jag skörare med åren

Tankar flyter runt utan att förankra sig

Jag trivs när jag möter dem i tysta rum

Det finns ingen början och inget slut

Allt är i rörelse där uppe inom mig

Kärlek är svårt att sätta ord på

Kärlek är som en sammansmält själ

Ett gemensamt hjärta som slår för två

En varm sommarvind som stannar kvar

En handling som är obetydlig och betyder allt

Ett minne som gör dig varm och gråtmild

Ett bubbligt rus som galopperar genom kroppen

En pakt som är enad

och ett krig vi gemensamt vinner

Spegelbilden av mig själv

Betraktelsen av mitt inre speglades framför mig

Ihålig och bottenlös

Frågande och vetande

Gladlynt och tungsint

Vem var jag innanför skalet som jag betraktade
framför mig?

Ögonen rullade likt hjul framför mig

Ögonen var stilla som lik framför mig

Monolog

Den inre monologen

finns alltid där.

Likt ett alarm om morgonen

påminner den oss om vår existens.

När tystanden är närvarande

skriker den som högst utan riktning.

Likt en ensam svan

på ett öppet svart hav.

En sommarnatt för länge sen

Ta med mig uti natten.

Ta hand om mig.

Låt mig våga mer än vad jag vågar.

Låt mina tankar berätta, utan att tala.

Låt staden jag älskar lysa upp framför mina ögon.

Låt allt vara glömt.

Låt mig känna dofter av sommarens skörhet.

Låt solen vidröra mig när jag vandrar ensam hem
genom kullersten och betong.

Låt mig få somna med ett leende.

Alla ögon berättar en historia

Ögonen speglar min själs historia,

det är därför jag vill visa dem för dig.

Ögonen speglar din själs historia,

det är därför jag vill betrakta dina.

Tårar av tacksamhet

När jag ser er

ser jag mig själv.

Känslor rör sig aldrig närmare mitt inre

än när jag känner tacksamhet till mina barn.

Tårarna är rena och äkta

alltid närvarande.

Oavsett allt annat

tack för att ni blev ni.

Ångestrus

Vågen sveper över mig

En enorm svart vägg suger ner mig mot ett djup,

en avgrund som är tom men fylld av självömkan.

Botten luktar tvivel och ångest.

Jag kan inte fastna här nere för länge.

Under ytan

Det lena och klara bär min kropp,

sekunder av tystnad och tyngdlöshet gör mig fri.

Fri från kroppen och själens tyngd.

Jag rör mig likt en fjäder som far med vinden mot
en okänd destination.

Är jag tillbaka där allt liv började?

Eller är jag bara fri från kroppen och själens
tyngd?

Ta din sorg

Ta din sorg

utveckla den.

En dag går ni hand i hand

utan att gå ifrån varandra.

Nattens eskapader

Natten andas eld.

Elden blir till rök.

Röken blir till aska.

Askan kväver mig.

Älska dig själv

Älska dig för den du är.

I slutändan är det du som fördömer dig själv.

Livet rinner genom dina fingrar,

gör det bästa du förmår att göra.

Försommaren jag missade

Jag har burit med mig en tyngd under våren.

Blommorna har doftat försommar, men jag har inte
känt doften av dem.

Kvällarna har sträckt sig till nya morgnar, men jag
har hamnat mitt emellan, sömnlös.

Glädjen har vandrat öppet på gatan, men jag har
missat den.

Gemenskapen har växt bland oss, men jag har växt
åt ett annat håll.

Stormen i bröstet

Du bär på en storm inuti ditt bröst

Lugna ner den,

andas igenom den.

Du bär på en tornado inuti ditt huvud.

Undvik att hamna i den,

ta dig bort från den.

Du bär på en tyngd i ditt hjärta.

Bär med dig den,

gör dig av med den.

Vargtimmen

Mitt hjärta är öppet.

Vattendropparna omfamnar daggkåporna

Det lätta gräset är tyngt.

Fåglarna samtalar febrilt i gryningen.

Dimman har tagit sig upp

och fuktar luften jag andas in.

Mörkret som precis suddats ut

är bortglömt.

Morgondagen finns inte i mina tankar.

Den gyllene timmen går armkrok med mig

och jag följer med på dess äventyr ut i gryningen.

Luften

Luften har alltid hittat hem hos mig.

En stilla natt.

Blåsvart himmel.

Träd som fastnat i en rörelse av kylan.

Jag finner luften

resa igenom mig och slå rot.

Trygg och välvillig

fastnar jag

och växer vidare uti natten.

Till Lina

Du är som en varm sommarvind,

jag längtar efter den när den är långt ifrån mig och
jag saknar den när den svept förbi.

Du är som en lilja,

vacker att titta på, skör, sårbar och betydelsefull.

Du är som solen,

omhändertagande, varm och godhjärtad.

Du är som en sommaräng i gryningen,

hoppfull, underbar och det bästa som finns.

Döden genom träden

Jag ser döden genom träden som växer omkring
mig.

Träden som vuxit sedan barndomen runtomkring
mig,

växer vidare långt efter mig.

Vi är inte mer än ett par grenar

eller en tjockare stam,

innan vi går vidare härifrån.

Sorg

Livet blir mer närvarande

när döden knackar på.

Sorgen porlar genom kroppen

och tar sig i uttryck utan att du vet om den.

Kroppen faller och tårarna lämnar dig

bökig och oförutsägbar

medveten och tillbakadragen.

Jag ska aldrig mer dricka

Jag har vaknat upp alltför många gånger

med blytungt bröst, kokande kropp och dunkande
hjärta

rannsakande och svamlande i ett ångestfyllt rum.

Som yngre var flykten, friheten och den totala
oräddheten lockande.

Som äldre blev sökandet, känslorna och friheten en
större del.

Jag återkommer till dig

likt löven kommer tillbaka om våren och når
marken om hösten.

Ändå har jag alltid valt att göra om det igen och
igen.

Ändlösheten inom mig

Det bor en ändlöshet inom mig.

Den gör sig hörd när det tystnar utanför kroppen.

Ändlösheten suktar och letar efter något att greppa
tag i.

Ändlösheten påminner mig

om att jag ska arbeta för att lyckas.

Nu när jag har tid,

tid som sakta försvinner

blir jag vän med ändlösheten

och ibland blir jag trött och hjälplös av den.

Stress

Skynda dig

ingenting cirkulerar utan dig

Allting är i rörelse

hjärtat slår snabbare än humlans vingar

Tankarna studsar mot varandra

och bildar en ormgrop i huvudet

När humlan landat för vila och ormarna har tagit
sig ur gropen

blir klarsyntheten tydlig

med en bitter eftersmak och ett självförakt som
fastnar

Gråskala

Allt var så tydligt under barndomen

Du visste vad som var ont och gott,

bra och dåligt

Tydligheten suddas långsamt ut

Ingenting är tydligt längre

Liv, tankar och relationer

är mer som en midsommarnatt

när solen stiger upp utan att du har gått och lagt
dig

Varken tydlig eller självklar

Svarta hästar

Jag betraktar mina känslor från håll.

Allt känns lika mycket inombords.

Jag väljer bara att se dem från håll, galoppera
förbi.

Svarta hästar med skräckslagna ögon möter mig

innan de försvinner ut i intet och glöms bort.

Det ekar

Mitt inre tar aldrig slut,

brunnen ekar ändlöst.

Tankarna kedjar sig fast

med lås utan nyckel.

Ett andetag en varm sommardag

Allt är förlåtet

en solkysst klippa rör vid min rygg.

Huden är bekväm

andetagen rör sig fritt.

Tankarna har gått och vilat.

Vad föder du?

Är det ditt ego

eller din själ

Allt läker

Allt läker.

Tiden är föränderlig.

Allt stannar kvar.

Tiden står stilla.

Morgontanke

Självföraktet väcks

ändå är det det jag vill komma åt

Doft av vår

Det rör sig i bröstet

Subtila skakningar

Floran letar sig igenom dyn

Jag är som du

Jag är som du,

när tystnaden faller över mig

och jag inte bedövat mig

knackar tankarna på mitt inre.

De far snabbt

mellan nonsens, melankoli

och vad jag gjorde i dag som bildar sår som läker

och känslor som lever kvar inom mig.

Försoning

Jag försonas med mig själv

jag är varm och lugn

Skam, skuld och frågetecken suddas ut.

Dörrar inom mig öppnas helt.

Vinden drar igenom mitt inre,

en tornado av varmt sommarregn.

29 år

Åldern öppnar upp en,

tiden ger en insikt.

Gör det bästa av det du har,

om inte,

gör vad som behövs

för att hålla dig kvar.

34 år

Jag är friare

från mina inre krig.

Jag står där mitt på slagfältet,

röken klarnar.

Jag betraktar kampen

som jag alltid varit delaktig i

utan att befinna mig i den nu.

Jag andas in röken,

lungorna klarar av det.

Jag parerar bland kropparna

utan att skada dem.

Valen vi gör hela tiden

Som barn gjorde de oss

till dem vi ville bli

Som vuxna gör de oss

mer till dem vi redan är

De förändrar vägarna

i vad vi kunde blivit

De förändrar framtiden

utan att vi vet om det i nuet

Bakom setet

Jag visade mina äkta färger

och målade dem väl.

Jag klädde mina känslor med slag

och mina lungor med luft.

Drömmen var alltid närvarande bakom dem.

Jag var i nuet bakom dem.

Jag levde och flydde bakom dem.

Än kliar fingrarna,

än låter de ljudlösa melodierna

än är fabriken igång,

den stänger ner när jag gör det.

Är det så det är att åldras?

Spegelbilden ändras sakta

nya nyanser dyker upp

tidigare nyanser suddas ut.

Jag är samma bakom de gröngula ögonen,

men inte framför dem.

Chilla, vi sitter alla i samma båt

Du bär samma börda som jag

du andas samma luft som jag,

du är ensam precis som jag,

du är stark precis som jag,

du äger dina tankar precis som jag.

Ändå kommer vi aldrig vara nära

du och jag.

Döden har viskat i mitt öra

Döden har varit och hälsat på mig,

eller åtminstone knackat på min axel och viskat i
mitt öra

"ingen kommer undan mig".

Jag har länge blickat bort från honom,

trots att han har hämtat flera ur min närhet.

Han kommer med en viss rädsla och ångest när
han besöker mig.

Vår tid är begränsad, min familj kommer inte alltid
vara.

Om 30 år är jag 60 år,

om 30 år till är jag 90 år.

Det finns ett mörker i mitt bröst, som döden för
med sig.

Ett mörker som jag vill stöta bort för evigt,

men som kommer tillbaka då och då

för evigt.

Berra

En tiger som bleknat

En ståtlig själ

Ett stort hjärta

En räddare i nöden

En försonande röst

En oändlig tacksamhet

Ett par skor som jag hör ljudet av

En plikttrogen till sitt kall

En god människa

En krigare

**Friheten är något alla söker utan att någonsin
nå fram till**

Fly med mig, lita på allt.

Möt fälten med de ståtliga och ensamma ekarna i
skymningen.

Se när solen dalar bakom den värmande horisonten

som ropar efter något ogripbart i mitt bröst.

Frihet, lust, kärlek, lycka.

Möt natten med öppna armar och gryningen med
ett öppet hjärta.

Tutto passa

Jag ser ett liv passera framför mig

när det lever som mest

Vi rör oss runt det

utan att röra vid det

Vardagar

När lugnet faller över mig

jagar jag efter något nytt

När jag har funnit det nya jag jagat

ser jag något nytt

Tankarna är virvelvindar över en naken äng

fram tills natten faller över mig

Då finner jag inre ro

Jag vaknar upp med trumsolon inne i mig

och fullt hus runtom mig

Klockan behöver inte ställas sedan flera år

Mina barn växer om mig, tiden passerar

Vardagarna är mer harmoniska än när jag var barn

Jag trivs i den ständiga karusellen som går inom
mig

En dag kommer jag dö av hjärtattack.

Aningslösheten

Väx och blomstra

innan du faller och vissnar

Ta för dig av världen

innan den tar för sig av dig

Njut av den inre freden

innan kriget tar fart i dig

Försonas med dig själv

innan mörkret tar över dig

Att somna på en solstol

Att somna på en solstol i eftermiddagssolen

är det bästa jag vet.

Alla tankar försvinner

alla måsten ställer sig i kö.

Solstolen är inte vidare bekväm

det gör inget, detta varar inte för evigt.

Jag vaknar upp mosig och lätt bränd

allt är upp och ner tills tankarna samlas.

Kvällen kommer snart och knackar på

dörren står öppen för allt

Jag är lycklig medan jag reser mig från solstolen

och möter kvällen i det varma landet.

Sömnlösa tankar

Ingenting betyder någonting,

men någonting kan betyda allting.

Jag hamnar allt oftare där,

vid ambivalensens gata.

Vägens ände

är stilla, tyst och obetydlig.

Intill vägens ände växer liljor på en sommaräng.

På ängen springer mina barn leendes mot mig,

de betyder allt.

Tårarna rinner nerför mina kinder.

De är fyllda av lycka och sorg på samma gång.

Fall igenom mig

Fall sakta igenom mig

Du kommer möta dig själv där

Vilsna och frågande

vänder vi oss till varandra

för att finna svaren

om oss själva

Lugnet

Det närmar sig mig nu.

En våg slår vid mina fötter

Tystnaden blir plötsligt tydlig

och sökandet inom mig växer.

Vem är jag och vad vill jag,

frågorna får tydligare och längre svar nu.

Jag andas mer varsamt

Hjärtat slår som små vågor från en eka

som vilar vid en brygga

en sval sommarnatt

Vänta, ångesten kommer ska du se

Sorgerna under natten

kommer inte förrän morgonen därpå

Vadå visare med åren?

Du tror att framtiden gör dig visare.

Det som gör dig visare är vad du gör med tiden dit.

Åldrande

Glöden som ung

slocknar aldrig.

Friheten och tron

gör det.

Ensamhet

Jag är byggd för att stå ensam,

ändå saknar jag närhet.

Höstnatt

Stjärnorna bländar den svarta himlen i höstnatten.

Allt har smält samman.

Ögon och själar andas i samklang.

Tiden är inte närvarande.

Alla vi går mot samma öde

I det vackra finns det mörka.

I det mörka finns det ljusa.

I det ljusa finns det hopp.

I hoppet finns det liv.

I liv finns det död.

Mitt hjärta

Mitt hjärta är fyllt av kärlek och vemod.

Jag är lycklig och ändå känns det tungt.

Ett hjärta fyllt av livets sorger

som jag bär med mig.

Alltid.

Anteckning en onsdag

Jag vandrar sakta vidare på livets stig.

Lättar från marken och svävar,

hasar mig genom dy.

Lär mig att vissa hål inte går att fylla,

så jag tar mig tillbaka upp på stigen

och fortsätter vidare.

Ensamheten

Ensamheten gör mig skör.

Ensamheten gör mig bottenlös.

Ensamheten skrapar på mitt hjärta.

Ensamheten stärker mitt inre.

Ensamheten ger mig utrymme att växa.

Ensamheten är en del av mig.

I en Bungalow

En saga vilar i dessa väggar,

en historia som växer för varje år.

Utanför lyser solen som en varm famn över oss.

Här inne råder tystnad och stillhet.

Vi är omslutna och trygga från världen utanför.

Tystnaden bryts av en bil som passerar,

en arbetare som tar i med sina bara händer,

ett par som ska upptäcka världen,

en äldre kvinna som omfamnar sin familj

en vilsen hund som söker trygghet och lugn.

Solen som omfamnar oss utanför

väntar ihärdigt på att min familj

ska möta världen utanför dessa väggar

och omfamna den.

Tack Lina

Du fick mig att finna mig själv.

Kärleken, bekräftelsen, skörheten, drivet och
strävan om att alltid vandra framåt,

växa av mitt förflutna,

vidröra det trasiga inom mig.

Det är fortfarande inte lagat efter alla dessa år,

men du har gjort mig helare.

Hennes hjälpande själ

Mina tårar är fyllda av sorg

Mitt hjärta är ett sjunkande skepp

När hon tog tag i mig

släppte sorgen och skeppet flöt igen

Irma

Ditt leende hälsar på mig då och då.

Det hela är äkta och nära.

Jag tänker på bröden du bakade och maten som
doftade av välbehag, doften red likt en storm
genom huset.

Jag kan höra knarrandet från trägolvet och
smattrandet från den öppna spisen när höstkylan
dansade utanför i Kopparberg.

Du var varm farmor och bar på ett tungt mörker
under hela ditt liv.

Jag hoppas du mår bra och har funnit inre fred
på den platsen du vilar på.

Jag saknar dig fortfarande och du är alltid
välkommen att hälsa på mig tills vi möts igen.

Sov mina barn

Lägg era händer i mina

sov mina vackra barn

ni är allt jag någonsin velat ha

Ni ger mig kärlek och hopp i detta liv

vila nu och dröm om morgondagen

Jag kommer alltid stå bakom er

tills mitt sista andetag och vidare

Gå vidare

Gå vidare från historien om dig.

Allt du bär på är minnen

som har passerat och format dig.

Allt framåt är oändligt och oskrivet om dig.

Slöjan

Slöjan mellan oss

som alla ser igenom,

avslöjar människan.

Utan ord eller uttryck

ser vi varandras känslor,

hägra distinkt.

Mitt inre har tagit semester

Stundtals är jag oberoende och ledig i mitt inre.

Jag söker efter smärtan och kärleken.

Mina inre rum är trygga i det sökandet.

Det får mig att känna, att andas och sträva framåt.

Drömmar som förblir drömmar

Jag ser fragment av en framtid som aldrig skulle
komma.

Fragment som slås ner inom mig,

och bor kvar i ett liv bortom detta.

Natten

Du finns alltid där.

Vaggar barnen till sömns.

Sätter skräck i oss.

Möjligheternas tid.

Vacker och mystisk.

Du fascinerar mig.

Ditt mörker och tankarna du skänkt mig.

Dito

Behandla mig väl

jag är skör som du.

Behandla dig själv väl

du är skör precis som jag.

Bakfull

Jag flyr så att låten i mitt inre får vila.

Jag flyr för att låten i mitt inre tappar struktur och
melodi.

Jag flyr för att låten i mitt inre ska innehålla moll
och dur.

När jag flytt och öppnar mina grusfyllda och
blodröda ögon,

hör jag efterklangen av låten i mitt inre, eka i flera
dagar inom mig.

Blir det någonsin tydligt

Jag förstår mer om mig själv nu

vilket gör att jag inte förstår mig själv.

Jag vet mer om världen nu

vilket gör att jag inte förstår den.

Jag ser nyanser i människan nu

vilket gör att jag inte förstår människan.

Livspussel

Fly från ett vardagsliv

ut i ett annat liv.

Ett liv som sedan flyr från sig själv

i ett vardagsliv.

Snart är de i kapp

Barnen växer förbi mig.

Jag iakttar dem från sidlinjen.

Glömmer att jag själv åldras mot döden

och de växer mot livet.

Hjärtat blöder av lycka

små och stora liv på samma gång.

Småbarnsförälder

Mina trötta ögon piggnar aldrig riktigt till.

En liten skepnad av tunt grus

vaggar sig bakom ögonlocken.

Genom de grusiga ögonlocken glimtar barnens
leenden och existens,

som gör att gruset inte bekommer mig.

Fiskebyn

Allt går långsammare här.

Vågorna rullar upp mot strandkanten utan att ha
bråttom.

De vilda hundarna strosar omkring på stränderna
utan jakten och stressen i sina sorgsna ögon.

Fåglarna flyger likt en drake på en vindstilla dag.

Människorna i byn är tillfreds med oss och sina
nära.

Det lilla samhället bär på en gömd historia.

Det råder tysthet och blickarna är vaksamma mot
oss när vi går igenom byn.

Barnen leker kurragömma bland sopkärlen.

Fiskebåtar trålar efter sitt levebröd och en del har
gett upp.

De ligger och vilar på botten tills naturen och det
turkosblå vattnet begraver dem.

Vi vandrar igenom fiskebyn en sista gång. Tar ett
själsligt farväl av ett liv vi aldrig mer kommer se.

Svär, det är så enkelt och så svårt

Lova mig,

var äkta mot dig.

Så jag lovar jag dig,

att vara äkta mot mig.

Söker efter svaret

Känslan har vidrört min nacke

och viskat i mitt öra.

Jag vet att ingenting är svaret,

ändå söker jag efter svaret i ingenting.

Barn, vuxen, gammal

Hur kunde jag tro,

att jag skulle bli vuxen som barn

och bli gammal som vuxen?

Nyår

Allt står stilla.

Mörkret har fallit sedan länge över det karga
brukslandskapet.

Trädens ålder speglas i de stela grenarna som
skimmer likt tomtebloss i natten.

En värme tränger sig igenom våra kroppar.

Löftena och hoppet dansar inom mig inför slaget
som byter blad.

Den svarta natten vilar tyst och ljudlöst utanför de
bastanta träväggarna.

Klockan ringer in.

Natten är oändlig.

Vågen tar mig

Flykten tar sig oftast via dig.

Efter att du rört vid mina läppar och mött mitt blod

faller jag i dvala.

Det stressiga sökandet och tankarna i mitt huvud

lägger sig och vilar.

En ensam våg på öppet hav

som inte finner ett grepp att slå sig upp på land,

så upplever jag vilan via dig.

Rastlösheten

Jag söker efter ett hem

som jag aldrig kommer att finna.

En plats där tid och rum håller andan.

En plats där tankar och känslor är
i harmoni.

En plats där det inre arbetar arbetsfritt.

Komplext inre

Jag är en enkel man

med ett komplext inre.

Trygghet

Jag har punkter av trygghet

Min själ vilar där

Min kropp slutar leta

Jag stannar upp,

hämtar andan och går vidare

Vid miljöer och gator från min uppväxt

når jag punkter av trygghet

Vid miljöer och gator från nuet

når jag punkter av samhörighet och lugn

Lämna ungarna på föris

Mina barns smärta är starkare än min egen smärta.

Ögonen och kroppsspråket skär igenom.

Jag känner mer än vad jag någonsin känt.

Allt annat blir sekundärt när gråten tränger igenom
mig

och sekunderna efter jag vänt mig bort från
barnens smärta,

då visas min smärta.

Stjärnhimlen på ett öppet fält

Jag är fast i en kupa.

Omsluten av evigt mörker och tystnad.

Semestern är över

Jag ser den glimrande insjön i backspegeln.

Solens strålar studsar på de skingrande vågorna

som tynar bort från mig.

En tid har precis lämnat mig.

En tid som formas till ett minne blott.

Kroppen är ambivalent

när jag söker efter den glimrande insjön,

som är långt ifrån mig nu.

Livet är ett fall mot döden

Livet är ett fall mot döden,

för alla.

Till och med för mig

som skriver det här

och dig som läser det här.

Varför

Relationer och vänskapsband vissnar.

Vårt inre tar större plats

för oss själva och våra.

Varför går det inte att älska och vårda fler.

Jag är inte ensam med tankarna,

men tankarna flyter ensamma i mitt huvud.

Flipperkulan

Jag behöver skriva för att finna svaren inom mig.

Mina tankar är kulan i flipperspelet.

Mina tankar är sorglösa i fyllda rum med liv och
rörelse.

Mina tankar är tyngda och fria i tomma rum

med mig som den enda gästen.

Det tär att bära mig själv genom allt.

Same, same, but different, but same

Kom åt mig,

utan att nå mig.

En stängd värld

du betraktar från håll.

Likaväl som din värld

lever du bakom stängda ögonlock

och inlåsta tankar.

Septembernatten håller mig vaken

Själen min darrar

Vindar av det gamla sätts i rörelse.

Ankaret mitt fastnar i botten,

trofast och hoppfullt.

Jag kommer alltid bära dig

hålla upp dina axlar,

tro på dig.

Du kommer alltid göra detsamma

för mig

min kära broder.

Syren

Du bär på barndom och hopp.

Doften av dig tar med mig till mitt barndomshem,

när jag stod tillsammans med min mamma och
mina systrar.

Vi valde noga grenarna fyllda med blommor som
slagit ut i vitt och cerise.

Vi förslöt stjälkarna varsamt i en vattenfylld påse

och gav till våra lärare på skolavslutningarna.

Ett kapitel slöts och ett nytt startade.

Vi sprang ut i sommaren

och mötte vinden som doftade syren.

Let's go

Öppna upp dig innan det är för sent för dig.

Allt passerar annars.

Bilden av dig själv ändras och accepteras

av ditt nya jag när tiden väl passerat.

Är du där du vill vara för att du valde att vara där?

Eller är du där du vill vara för att du lät tiden
passera?

Dagarna är lika långa som nätterna nu

Själar möts.

Dansar längst kullersten.

Blomster och längtan.

Tid och rum försvinner.

Mörkret berör med värme.

En del av mig

Jag ser upp mot intet

En klar himmel med oändligt mörker

Världen omkring mig växer

och omsluter mitt inre

Jag tackar för att jag är en del av allting

Hälsar åt de döda och ler inåt

Det har blivit en del av mig

att be allt oftare

Go with the flow

Jag har genomfört mina inre krig

och vunnit dem ett efter ett.

Kampen slutar aldrig att röra sig,

jag har bara lärt mig att röra mig med den.

Det löser sig

Låt det inom dig flöda.

Med tiden finner du

vad som är värt

att dröja kvar vid.

Jag såg mig själv, liggandes i en kista framför altaret

En dröm om vita liljor

Vandare genom mitt inre.

Jag iakttog mig själv,

vad hade jag strävat efter,

vilka krig hedrade jag,

vad hade berört mig,

vad hade jag berört.

Vilande och tillfreds

log jag mot mig själv.

Det fanns inga tydliga svar,

utan känslor som levde fritt.

3. Barndom

Jag växte upp i en förort till Stockholm som heter
Tullinge — söder om söder — 22 minuter med
pendeln in till Centralen. 22 minuter var tillräckligt
långt från stan för att betrakta den utifrån. Alla
butiker, gatorna och människorna gjorde staden,
Stockholm, enorm och onåbar.

Till Tullinge hade mina morföräldrar flyttat i
början av 60-talet. Där växte min mamma och
hennes bröder upp. Jag vet inte när mina
farföräldrar kom dit, men jag vet att min pappa och
hans bröder också växte upp i Tullinge, 200 meter
från där han bor i dag.

Mina föräldrar, morbröder, farbröder, kusiner och
syskon har gått i samma högstadieskola, utspritt
över en 40 års period. Alla vi växte upp och
formades av gatorna i Tullinge. Generation efter
generation rörde sig och andades luften i förorten.

Än bor en del av min släkt kvar och jag har alltid
haft en relation till förorten som aldrig kommer att
slockna trots att det enda jag som 17-åring ville var
att dra därifrån, starta mitt eget liv, försvinna från
allt som varit och allt som var. Jag ville gå vidare
och samtidigt ha Tullinge med mig inombords.

Relationen till mina barndomsgator är en del av
den jag är. Gatorna jag sprang på och gjorde bus

på som barn, huset jag växte upp i med mörka och ljusa minnen, min familj och vänner som andats och växt upp där.

När jag tog mitt körkort 27 år gammal tog jag bilen och körde genom Tullinge. Stannade till nere i Parkhem, där jag sprungit runt som barn. Klev ut ur bilen, tände en cigarett och log för mig själv. Jag kände ambivalensen svepa genom min kropp, jag hoppade in i bilen igen och körde vidare, bort från mina barndomsgator till gatorna jag bor på i dag. Nära men ändå långt från Tullinge. Jag hade lämnat barndomen bakom mig och bar samtidigt med den ständigt.

Existensen av dig, mig och alla andra

är oändlig när vi är barn

Existensen av dig, mig och alla andra

är ändlig när vi slutar vara barn

Barndomens träd

Jag växte upp här.

Jag lärde känna mig själv här.

Jag formades här.

Den sorgsna och lyckliga delen av mig tog sin
början här.

Än känner jag doften som tar mig tillbaka till min
barndomsgata.

Än ser jag saker som gör mig till alla åldrar.

Än känner jag en saknad och något trasigt inom
mig.

Jag känner kärlek, trygghet, vemod och melankoli
för min hemort.

Jag började som ett frö på Södra Parkhemsvägen,

och rötterna inom mig tog avstamp därifrån och
växte ut i den stora världen.

Längs med bäcken, genom skogsstigen och ner till
Sörgården.

Där tog sig mina spröda rötter vidare till
Parkhemsskolan,

uppför Katrinebergsbacken,

ner till Centrum och Falkbergsskolan.

Jag växte mig starkare och mer skör, grenar till den
jag är idag.

Grenarna började knaka och tog sig upp på berget i
Tullinge och vidare till Stockholm.

Skogen spred sig vidare.

Södertälje, Östberga, Hägersten och Huddinge,

ut i den enorma djungeln,

som väntat ivrigt på mig utanför gatan sedan
barnsben.

Fröet, rötterna, trädet och dess grenar finns alla
inom mig.

En skog fylld av små stigar, vandringsleder,

mörka och tunga sankmarker som är svåra att ta
sig upp från.

Gläntor med solljus,

bäckar av hopp,

och blommor som tar sig upp år efter år.

Barndomens träd växer vilt och lugnt vidare.

Sov med ett öga öppet

De vidöppna ögonen.

De spetsade öronen.

Det inre såret i magen.

Varsamt och aktsamt förutspådde och förberedde
jag mig,

för de icke väpnade krigen som alltid låg runt oss.

Jag drömmer om att jag är tio år ibland och då känns det så här

Jag besöker dig om nätterna.

Du släpper inte in mig.

Du lämnar dörren på glänt

där minnen kan ses genom springan,

men inte längre in i rummet.

I was a teenage fuckup

Nätterna tog aldrig slut och flöt samman med
dagarna.

Drömmarna var uppe bland molnen då,

ingen hade fått ner oss på jorden.

Dörrarna för världen stod vidöppna utan förståelse
för hur vi skulle ta oss ut.

Kärleken blomstrade och frös snabbare än
årstiderna.

Oförståelsen för våra öppna sår och hur
barndomen var gick inte att hantera,

ändå hanterande vi den.

Det minsta kunde betyda allt.

Allvaret var tyngre och vilades ut lättare.

Kvällarna förgjorde oss.

Våra gator stod vi upp och slogs för utan att veta
varför.

Tiden då, blev otydligare med åren fram tills tiden
nu.

Planeringsboken från 99

Barndomen rusar igenom mig.

Några simpla meningar väcker minnena.

Minnen som sovit djupt under vattenytan

skyndar sig upp för att fånga luft och börja leva
igen.

Insikten om vem jag kunde vara som barn

kommer till mig klar och ren.

Jag skäms och ler på samma gång.

Var jag vilsen och sökte bekräftelse och kärlek?

Eller var jag stundtals elak och saknade empati?

17 år

Sakta färdas jag tillbaka,

tillbaka till ögonblick av en ungdom jag saknar
och fruktar.

Fragment av en låga

som jag aldrig vårdade eller såg efter.

Jag lät allt brinna ut

och ville bara vidröra elden

utan att komma för nära.

När jag var barn

När jag var barn

anade jag aldrig att det jag upplevde där och då,

skulle kunna ses lika klart

som när jag ser mig själv i spegeln i dag.

Allvaret

Jag ser allvaret i varje fråga som jag hör.

Jag överanalyserar tonlägen, känslor och
eventuella konsekvenser när ord sipprar ur någons
mun.

Jag kan inte rå för det.

Det ligger i mig sedan barnsben.

Sedan alla de konflikter och bråk jag upplevde
hemma.

När jag lyssnade till tonläget, känslan och ordvalen
som växlades mellan de vuxna.

Jag överanalyserade de eventuella konsekvenserna

efter några rader av ord sipprande ur deras munnar.

Det tog hus i helvete.

Allt var skört och sårbart.

Där har jag svaret på min fråga,

varför allvaret vilar inom mig.

Kort summering av min barndom

Jag såg upp till dem

jag inte skulle se upp till.

Jag begick handlingar

jag inte fick begå.

Jag slöt öronen

när jag skulle lyssna.

Jag besökte natten

utan lov.

Jag tog saker

jag inte hade förtjänat.

Barndomens dagar var ljuva och mörka.

Nuet varade en evighet.

I dag är den tiden ett ögonblick.

Låt dörren stå på glänt

Låt dörren stå på glänt.

Tanken på att den är stängd gör mig instängd.

Vetskapen om att den står på glänt ger mig ro.

Friheten kommer till mig.

Augustiluften vandrar igenom mig,

och viskar tydligt att sommaren tar sina sista
andetag.

Skolans dörrar står snart öppna igen.

Låt dörren stå på glänt,

känslan av frihet vandrar igenom mig nu som då.

En försommarkväll på 90-talet

Mina fötter vidrör det solkyssta gräset.

Jag rör mig fritt, utan ett tydligt slut under ljumna
försommarkvällar på tomten.

Dofter från trädgården ger mig sinnesro
den ensamma leken på tomten får mig att vittra
frihet.

Under tiden röker mamma sina cigaretter, vattnar
blommorna och ropar något uppmanande

Den värmen och tiden ska jag ge mina barn.

Det gick ju bra ändå

Jag växte upp snabbt.

Tog hand om mig själv.

Utan att veta vad det innebar.

Jag växer mig yngre

Vindar av de dagar då jag var yngre

sveper framför mig

Jag är redo att växa bakåt

möta allt

ta mig igenom allt

och uppleva det nu.

Allt varade längre

En vecka i barndomens dagar

varade en livstid.

Scener ur mitt liv

Hur ofta talar jag med mig själv,

utan att tala.

Hur ofta spelar jag upp scenarion från min
barndom,

utan att spela upp dem.

Tystnad

Det har ekat tyst i 18 år,

inte ett ord.

Inte en rad om varför det blev som det blev.

För grumligt för att minnas.

För klart för att glömmas.

Skarpa ögonblick,

av döden, hatet, ensamheten, rädslan, känslorna,
vaksamheten, blickarna

och tilliten inom familjen.

En hel barndom kastades ut på öppet hav

och 18 år senare söker den land.

Promenader på min barndoms gata

Det händer att jag vandrar på min barndoms gata.

Asfalten och trottoaren slår mot mitt inre.

Minnen lever i nuet,

huset ändrar färg och åren går baklänges.

Jag ser mig själv springa runt på tomten

och jaga drömmar som barn.

Jag ser mig själv gömma mig på balkongen

med ögonen fästa mot vägen.

Livrädd att någon ska vara efter mig

och göra mig och min familj illa.

Jag ser mig själv hoppa ut genom mitt fönster

och smyga ut i natten.

Det händer alltmer sällan nu

att jag vandrar på min barndoms gata.

Freden närmar sig mitt inre.

Mamma

Jag blev förmedlaren i era krig.

Jag stod i skottlinjen och såg allt.

Idag förstår jag dina val.

Ingen orkar allting.

Jag förstår det,

och förlåter dig för barndomen.

Pappa

Tack för att du blomstrade med åldern.

Som barn vet jag inte om jag kände dig.

Vi sågs knappt

och hemma där jag växte upp

var inte du med.

I dag är du med

vilket jag är evigt tacksam för.

Systrar

Vi har upplevt samma saker

ur olika perspektiv.

Vi har tagit våra egna vägar

med olika direktiv.

Vi har skrattat, gråtit och hoppats

på en försoning med barndomens dagar.

Det som har skett har skett,

vi kan inte skriva om historien om oss.

utan omfamna den och läka med den.

Bröder

En trygghet klarare än solen.

En familj utan samma efternamn.

Ni är med mig sedan barnsben.

Ni är med mig när jag går vidare.

Jag besökte mitt barndomshem i veckan

Kroppen stod kvar och allt annat hade färdats
genom tid och rum.

Där stod jag 25 år tillbaka i tiden och värmdes
inifrån.

Allt upplevdes okomplicerat och sorgfritt.

Ingenting fanns kvar, tiden hade suddat ut det
visuella.

Ett avslut låg framför mig som jag hade längtat
efter.

Gräset mellan fingrarna och doften från den våta
höstkvällen fick mig att le en sista gång,
innan jag vandrade vidare för gott.

4. Platser

Platser som betyder något för mig. Plaster där jag upplevt alla åldrar och känslor.

Tullinge

Jag ville röra mig bort från dig

Sudda ut, börja om,

gå vidare, vända blad.

Ändå är gatorna hos dig

de mest betydelsefulla för mig.

20 år av mitt liv gav jag dig.

20 år av mitt liv gav du mig.

Allt är ursprunget ur dig

och det som finns kvar nu

försvinner aldrig från mig.

Stockholm

Sommarens färger har svept över staden jag
föddes i

Skinnarviksbergets fötter möter det silverglittrande
inloppet

Det ligger en fägring och en hoppfullhet i
andetagen

Blandade själar ser ut över de tre kronorna på
stadshusets topp

Kungsholmens ståtliga fasader
står rakryggade för betraktarna uppe på bergets
topp

Långholmens ensamhet lyser upp och slukar
solens sista strålar i väst

Brännkyrkagatans kullerstenar flyter ner och möter
det öppna vattnet vid Slussen

På andra sidan vattnet andas Djurgårdens grönska
friskt och väcker sommaren och barnet i oss

Gamla stans gömda gränder, slott och torg
skvallrar om en tid långt före oss

Via Strömbron flyter stegen mot Stockholm City,
Grand, Operahuset och den kungliga trädgården

Bukten bredvid visar upp konst, kultur och pengar
på ett vackert sätt

Skymningen har sedan länge svalt oss och stadens
ljus lyser i sommarnatten

Ett myller av bilar, lustar och trötta själar söker sig
hem från staden uti förorterna
som skyddar den likt jag.

De första somrarna på Gotland

Vi rörde oss fritt bland husen.

Vi tog hand om oss själva.

Hos farfar låg det en dimma
fylld av krig, alkohol, kärlek och tobak.

Något hände alltid;
en diskussion, en fylla, ett bråk.

Jag befann mig där som barn
och betraktade allt från ett hörn.

Jag står ensam i natten

Jag står ensam i natten och tittar ut på ängen.

Tankarna vandrar,

själen vilar.

Jag smälter samman med stjärnhimlen

och växer ihop med marken under mig.

Morgondimman

Daggen lyfter genom tid och rum.

Det torra landskapet andas.

Vargtimmen har slagit in.

Morgonsolens strålar rör snart min kind.

En enslig bil reser bort från drömmarnas ö.

Hjärtat bultar högre än vanligt.

Kroppen ger upp.

Vilan tar mig in i en ny dag av äventyr.

En brännande sommar

Gräset har gett upp.

Fåglarna drunknar i hinken.

Det är tiden vi alla längtar efter, all övrig tid.

Jag är trygg och omhändertagen av dem jag älskar
och stressad och oroad av dem jag älskar.

Barndom, ungdom och mitt vuxna liv har
spenderats på det gula gräset,

där fåglar har drunknat i hinkar

och där jag har varit omringad

av dem jag älskar,

sårbar och lycklig.

Lupinerna dansar vals längs grusvägen

Lupiner dansar varsamt i den varma
sommarvindens skymning.

Skogens siluett står stilla som en vakt vid sin
slottspost.

Solens strålar försvinner bakom granarnas kronor

och nattens mörker lägger sig likt en filt över det
tysta landskapet.

Grusvägens underlag skakar till likt en berg- och
dalbana.

Tegeltaket och de vita knutarna

lyser upp i sommarnatten som en fyr på öppet hav.

Vi rör oss stillsamt in på det sommarvåta gräset.

Här hör du bäcken porla tydligare än radions brus.

Här ser du vattnet klarare än de sju haven.

Här ekar minnen inom mig sedan barnsben.

Här känner jag mig hemma i hjärtat.

Logen — Kvällen

Sommaren hade tagit sitt första djupa andetag.

Kvällssolen täckte sjön med glittrande silverljus.

Allt låg framför oss.

Längs vägen rörde vi oss i samklang med
sommarkvällen.

De öppna ängarna lyste upp kvällsmörkret som
hade fallit över Värmland.

Siluetten av den stora ladan glödde likt en öppen
brasa i sommarnatten.

Nuet kunde inte vara mer närvarande.

Timmarna flöt ihop och vi gav oss ut igen mot den
glittrande silversjön.

Under promenaden i sommargryningen mötte vi
de dansande lupinerna och de öppna ängarna i nytt
ljus.

Sommarens djupa andetag glödde och höll om oss.

En ny dag grydde och vi följde inte med.

Vi var kvar i sommarnatten
tills kropparna gav upp

och föll ihop tillsammans i en grop av rus utan en
tanke på den nya dagen.

Natten

Solens strålar tränger sig igenom fönstret.

Fukten ligger kvar från den intensiva och mörka
natten.

Tindrande ögon möts i den vackra
sommargryningen.

Allt känns möjligt.

Lusten och lyckan av livet, pulserar genom hela
kroppen.

Ett kort ögonblick av reflektion kapplöper igenom
mig,

Sedan fylls jag av kärlek, passion, eufori, vänskap,
familj och livet i sin renaste form.

Kvällen är oändlig för en kort stund tills min kropp
och själ tackar för sig.

Morgonen

Kokande och ångade tar jag ett djupt andetag och
vaknar upp tillsammans med alla, fast helt ensam
inombords.

Tankarna att rannsaka det mörka och tomma från
natten innan sker per automatik och sätter igång
direkt.

Efter ett par minuter kryper en känsla av välbehag
igenom kroppen när jag hör ett skratt,
någon som rör sig i rummen bredvid, ett klirrande
glas från nedervåningen.

Allt är bra.

Världsholmsgatan 13

Det varade under en intensiv tid

från höstens fall över den lilla staden

tills syrenen hade blommat ut i sin fulla prakt.

Huset var fyllt av ungdomskärlek och vemod.

Huset var fyllt av skapande och drömmar.

Huset var fyllt av död och mörker.

Huset var fyllt av vänskap och lojalitet.

Huset kommer alltid bäras med i mitt hjärta.

Östberga

Jag förälskade mig i de gråa betongbyggnaderna.

Ett samhälle av samhörighet

utan några relationer.

Ett nytt kapitel öppnades och skrevs

under flera år av våra liv.

Vänner kom och gick,

smältpunkten för gemenskap och frihet.

Staden låg framför oss de varma sommarkvällarna.

Staden låg bakom oss de ljumna sommarnätterna.

Om helgerna vandrade jag till andra sidan bron,

där växte ett annat samhälle

utan gråa betongbyggnader.

Jag drömde mig dit

och kände mig samtidigt hemma

på vår sida av bron.

Hägersten

Närheten till pulsen och sökandet

är ständigt i rörelse i närheten av dig.

Vår gata, där solen ler vid balkongknuten på
morgontimmarna

och dränker köksfönstren under förmiddagarna,

bär på minnen som ler mot mitt hjärta och finner ro
inom mig.

Det silverglittrande inloppet skymtar bakom träd
och husknutar uppe på kullen.

En blick jag aldrig mer kommer möta som alltid
kommer vara en del av min familj.

Huddinge

En plats för att växa upp och slå rot.

Tid och rum vandrar igenom mig,

när jag vandrar igenom centrum.

Jag blir påmind om en pakt sedan barnsben,

att flytta hit, vilket vi alla fullföljde.

Förorten som sträcker sig milsvid åt alla
väderstreck,

människor trivs och har hittat hem här.

Även jag och min familj.

Köpenhamn

Vi reste tillbaka till essensen av oss två.

Varför vi var vi och varför vi föll för varandra.

Gatorna log och människorna skrattade med oss.

Dagarna förde oss utan riktning.

Nätternas värme berörde oss.

Morgnarna tog hand om oss.

Tillbaka igen var vi sammanflätade.

Malmö

Du tog mig med storm.

Solen vidrörde oss längs havet.

Natten fick oss att leva.

Jag gick tillbaka i tiden,

och var samtidigt helt närvarande i nuet.

Nice

Palmernas siluetter lyser ståtligt i natten.

Havets vågor hörs tydligare och lugnare.

Bakgatornas puls rinner genom hela kroppen.

Fasaderna sveper om oss och viskar historier i de
trånga gränderna i den gamla staden.

Månen är närvarande i skymningen och himlen
lyser alltmer svartblå.

Allt är tillåtet, förlåtande och vackert här.

Minori

Mina fötter följer kullerstenarnas mönster.

Runtom om mig växer de stenputsade husen

med sina lysande färger och balkonger av liv och
generationer.

Om dagen värmer solen den lilla staden vid havet.

Ljudet från vågorna slår ända in

och ekar milt i de små gränderna.

Om kvällen doftar det liv och rörelse och en ömhet

sprider sig längst kullerstenarna.

Vi möter morgonen vid havskanten.

Havet viskar till mig blygsamt,

som att det vet att jag är morgontrött.

Solen är smekande varm och rör vid våra kroppar.

Den lilla staden vid havet viskar tyst bakom oss

när vi hoppar in i taxin och lämnar den.

Skogen

Dofter av bark.

Ljumna träd sjunger egna melodier.

Fågelsångens stämma är lättsam och fnittrig.

Det gröna runt mig andas lugnt och stilla.

Jag har växt samman med rötterna.

Havet

Tydligheten i ditt djup

visar att vi endast är liv utan känslor.

Du kan svälja oss hela och röra dig vidare,

föda nytt liv under ytan

utan att blinka.

Därför är vi levande vid dig

medvetna om ditt oändliga svarta gap.

5. Årstider

Är vi gjorda för att bära på en tyngd genom de mörka årstiderna som vi lurar oss själva ska släppa, när de ljusa årstiderna står framför oss och inger ett hopp om omhändertagande och vemod?

Jag andas in januariluften. Den rör sig ner i halsen och vandrar vidare ner i lungorna och fyller slutligen blodomloppet med syre; det behövs nu. När allt är mörkt och vi har bytt kapitel behövs luften i oss för att andas igenom denna mörka, kalla, karga och bittra tid. Innan vi ska in i den kommande månaden som är den kortaste.

Februari. Du bär på kyla, arbete, skola och travande genom livet.

Mars har omformats sedan Otis föddes och viskar till oss om en tid som vi drömmer om.

I april börjar det tjocka täcke av grus som gjort det möjligt att röra sig på gatorna under vintern att öppna sig. Sopbilarna gör sig sakta av med bevisen från den mörka tid vi kliver ut från. Träden och knopparna kisar mot solen och känner hur de sakta börjar klä på sig igen efter vintern och höstens kyla som klätt av dem.

Sedan kommer maj som oftast inte visar sin vackra sida direkt utan låter oss vänta till mitten av månaden, för att då fylla oss med förväntan inför sommarens varma och omfamnande vindar, minnen och lyckorus som komma ska. Värmen tar oss med storm, väcker oss inifrån och visar oss att vi lever.

Juni växer in i oss lagom till skolavslutningar, hägg och syren, sommarens fester och den absoluta toppen som rör sig genom det svenska folket. Vi andas, lever, ler och delar allt nu. Semester och sommarlov stundar, solen har aldrig stått högre och nätterna blandas med morgnar.

Vi gör oss redo för att möta juli och förstå att det mesta vi kämpar för under de kallare månaderna betyder ingenting. Vi släpper hämningar och låter vilan, begären och lusten styra oss genom juli och skapar minnen som varar en livstid.

Augustis vindar påminner oss om att allt det vackra har ett slut och vi ska sakta inse meningen av de orden. Träden och gräset blir alltmer livlöst på ett vackert och tacksamt sätt och vi startar igång allt igen för att skapa mening och samhörighet och för att kollektivt göra oss redo att gå in i den friska, något mörkare och omhändertagande september.

Allt är i rullning igen och långsamt glömmer vi den längtan vi stod inför precis när sommarens dörrar stod vidöppna och log mot oss för ett par månader sen.

September rusar förbi vårt inre och tar oss in oktober där tiden går fortare än medvetandet. Plötsligt kan färgerna, kylan, mörkret och regnet stå framför oss utan att vi hunnit i kapp skiftet mot de tyngsta månaderna.

November, den absoluta månaden med mörker, arbete och minimal livsgnista träder in i våra vener och kommer hålla oss tillfångatagna en lång tid framöver.

Till sist kommer december, månaden som ger oss gemenskap och kärlek och låter oss få glömma allt vi står i under denna årstid. Mörker, kyla och trötthet.

Tiden är cirkulär, allt vandrar framåt och återkommer.

Nedan har jag samlat ett par dikter som är skrivna under respektive månad och hur jag då känt.

Januari

Fåglarna viskade i vinden i dag,

de tydde något i björkens toppar.

En längtan öppnades i mitt inre.

Ett vemod om den fagra tiden vi drömmer om.

Jag förstod vad de viskade om.

Februari

Bit mig, knyt åt mitt skinn

visa att jag lever.

Visa att du än håller om oss

i dina kylnande klor.

Lys på oss.

Låt oss känna en glimt av hopp,

som vi kan leva på längre än du anar.

Mars

Du tynar bort från mig.

En svunnen tid som ätit upp oss inifrån

och vaggat in oss i mörkret.

Plötsligt är du bortglömd vid ett promenadstråk

längs den torra och dammiga vägen.

Vi som lever här reser oss upp

likt en maskros tränger sig upp genom betongen
varje vår.

Vi är tillbaka

för att leva, älska och fylla våra själar med minnen

som vi sedan ska bära med oss

och rota bland när du kommer och hälsar på oss
igen.

April

Gruset på gatorna i april
sträcker ut sina händer mot oss.

Vecken är fyllda med smuts och handflatorna
börjar ljusna.

Nyss sprungna från en tid av karga och svarta
nätter.

Maj

Nätterna blir allt kortare nu.

Solens närvaro är längre nu.

Dofterna är mer bekanta nu.

Koltrastens stämma ler åt mig nu.

Jag lovade mig själv
att se denna tid mellan hägg och syren tydligare i
år.

Den lyser framför mig.

Dagarna visar ömhet mot våra nerkylda hjärtan.

Kvällarna är mjukare i sina övergångar och
omfamnar oss med förståelse nu.

Kärlekens, hoppets och livets tid kommer nu.

Juni

Doften ligger i luften.

Kvällens värme smeker huden.

Natten är len.

Gryningen smälter.

Hjärtat slår snabbare och tyngre.

Minnenas och möjligheternas tid.

Juli

Sommarregnet kysser mina avdomnade kinder.

Det renar och låter mig le för en stund.

Växterna omkring mig lyser i mörkret.

Asfalten ångar och lyfter mig.

Dofterna samverkar för min skull.

En kort stund varar längre i sommarmörkret.

Jag väljer att stanna i den.

Tills vattnet tränger igenom lagren ovanför mig.

Augusti

Vindarna rör sig avslöjande mot slutet av augusti.

Himlens målning är tätare och svårmodig.

Luften vandrar ner tydligare igenom dig.

Björkarnas vila har visat sig.

Bladen i kalendern är vidsträckta bakom
horisonten.

Siluetterna i natten påminner dig
om verkligheten här i Sverige.

Vattnet är fortfarande varmt och mer
omhändertagande än tidigare.

Minnen delas över borden i fikarummen.

Maskinerna startar och städerna runtom i landet
fylls med människor igen.

September

September har öppnat upp sig

och påminner oss om allt som ruttnar och håller
oss kvar i vindar av hopp.

I slutet av september är allt förgånget och
bortglömt.

Höstlöven dansar i natten och kylan tränger sig in i
husen.

Vindarna av hopp finns inte längre,

endast solen som ler med längre mellanrum och
distans.

Oktober

Färgerna rör sig vildare.

Solen står lägre.

Dagarna saktar in.

Kvällen kommer tidigare.

Natten sträcker sig längre.

Träden klär av sig framför oss.

Fåglarna flyr landet.

Båtarna somnar.

Stugorna stänger.

Vi rustar oss

för att möta mörkret inuti mörkret.

November

Gatlampans ljus

lyser upp det nakna lövträdet.

Skuggorna från grenarna

väcker ett obehag och en tillfredställelse.

Kalla regndroppar slår mot huden

som ett straff mot oss utan mening.

December

Decembermörkret greppar tag i oss

när vi som de lättaste byten är öppna för det.

En glimta ljus,

under 31 dagar är det vad vi fått se, andas för och
leva på.

Resten har varit en tid,

av mörker, dimma och grådisig natur.

Mörkret omfamnar vägen och suddar ut den
framför oss.

Andas nu, vila nu,

låt inte det eviga mörkret sudda ut vägen och göra
den onåbar.

6. Epilog

Jag andas in och finner en tystnad inom mig. Den tystnaden söker jag när mitt inre inte är upptaget med att leva. Tankarna jag delar med mig av i denna samling är en del av mitt inre när tystnaden inte finns där och jag vill klä känslorna med ord.

För bearbetning, kreativitet, kärlek, vemod och förståelse för de mörka och ljusa sidorna som bor i mitt hjärta.

Jag förstår att ditt och mitt liv inte bär samma historia och innehåll, men är övertygad om att vi kan ha stått inför och upplevt liknande känslor på olika håll och kan uppleva en gemenskap genom det.

Jag tror att vi människor finner varandra genom reflektioner av oss själva. Genom spegelbilder, minnen av barndomen, invanda mönster från vårt förflutna och erfarenheter vi gått igenom är vi närmare varandra än vad vi ibland känner.

När det inre ekar ensamt och sorgset och när det inre skriker av lycka och välbehag är du och jag sammansmälta, under denna korta tid på jorden vi har fått tilldelade i det så kallade livet.

Lev och gör det mesta av det, viskar jag för mig själv, medveten om att en dag är din och min tid över.

Om jag fick bestämma hur det skulle sluta

Jag kisar mot solen

som sakta tynar bort bakom de ståtliga träden.

Gräset är sommarkysst och lent under mina fötter.

Jag hör sorlet en bit bort

av bekanta röster som inger en trygghet.

Jag känner doft av kärlek, värme och sommarkväll.

Gommen är fylld av tårar och något starkt.

Tårarna trillar ner för mina åldrade kinder

Jag ser hela min familj, lyckliga och äldre än vad
jag hade vetat.

Barnen och barnbarnen vinkar åt mig

när de ser mig där borta under eken.

Jag vinkar tillbaka och ler.

Sedan tar jag ett sista andetag

och ser upp mot solen.